Marie von Ebner-Eschenbach

Marie von Ebner-Eschenbach

Ein guter Witz reist inkognito

Aphorismen und Sentenzen

Büchergilde Gutenberg

Vorbemerkung von Corinna Huffman

Marie von Ebner-Eschenbach gilt, neben Droste-Hülshoff, in der Literaturgeschichte als bedeutendste deutschsprachige Dichterin des 19. Jahrhunderts. Einen besonderen Platz nahm sie in der Literatur des späten Realismus ein und stand in enger Verbindung mit Grillparzer, Halm, Hebbel und Laube. Doch was hat es auf sich mit dieser Autorin, was hat sie uns heute noch zu sagen, die Ebner-Eschenbach, die 1898 schließlich das Ehrenkreuz für Kunst und Literatur erhielt und deren Denkmal als einziges einer Frau im Arkadenhof der Universität Wien zu finden ist?

Ein klein wenig, geben wir es zu, ist der Name Marie von Ebner-Eschenbach mit der Aura des Verstaubten und Überholten verbunden. Wohl auch, weil uns die Lebensumstände der Schriftstellerin langsam fremd geworden sind. Freifrau, Gräfin, Leben auf einem Schloß – österreichische Aristokratie. Tugendhaftigkeit, preußische Disziplin und Pflichterfüllung galten ihr als Wunsch und Ziel, ihre Einstellung zu den Rollen von Mann und Frau hat sich längst überlebt. Doch würde man die Blitzgescheitheit der Dame unterschätzen, wollte man es bei diesem einseitigen Eindruck belassen. Alles andere als überlebt haben sich nämlich ihre Einsichten zum Wesen der Menschen, ihrem Zusammenleben – ja schlicht zum Leben. Hier ist Ebner-Eschenbach gerade mit ihren Aphorismen, von denen die allermeisten von bewundernswert zeitloser Gültigkeit sind, als ungewöhnlich fortschrittlich und vorausschauend zu bezeichnen.

Marie von Ebner-Eschenbach war zu Lebzeiten nicht mit all ihren Texten erfolgreich, aber ihre *Dorf- und Schloßgeschichten*, (die die Erzählung *Krambambuli* enthalten), *Das Gemeindekind* und vor allem auch ihre Aphorismen machten sie weithin bekannt und verankerten diese couragierte Autorin bis heute im Kanon der deutschsprachigen Literatur.

Ihre Stoffe entsprangen ihrem Leben, dem aristokratischen Milieu in Österreich im ausgehenden 19. Jahrhundert und seinem patriarchalischen Lebensgefühl. Ihre Romane und Erzählungen sind geprägt durch realistische und psychologische Schilderungen der adligen wie der kleinbürgerlichen und bäuerlichen Gesellschaft, durch eine engagierte sozialkritische Tendenz und humanitäre Gesinnung, vor allem auch durch eine feinsinnige Komposition. Ihre scharfe Beobachtungsgabe, verbunden mit großer Menschenkenntnis und ausgeprägtem sozialem Verantwortungsdenken, ließ sie die Probleme der verschiedenen Gesellschaftsschichten deutlicher wahrnehmen, als es bei den meisten Schriftstellern ihrer Zeit und Schicht der Fall war. Hier läßt sich deutlich Turgenjews Einfluß erkennen. Sie übt scharfe Kritik an ihrem eigenen Stand und schildert in ihren Texten vor allem das Schicksal von Außenseitern und Angehörigen der sozialen Unterschicht. Eine Haltung, wie sie zu dieser Zeit für eine Dame ihrer Herkunft ganz und gar nicht selbstverständlich war.

Dabei verstand Ebner-Eschenbach ihre Schilderungen nicht nur als Bestandsaufnahmen – sie wollte mit ihren Dramen, Romanen und Erzählungen in den Lauf der Dinge eingreifen, die gesellschaftliche Entwicklung positiv beeinflussen, zu einer besseren Welt beitragen. Großer Optimismus und Glaube an die Verbesserungsfähigkeit der menschlichen Verhältnisse lassen die Autorin ihre Ideale als Forderungen formulieren – an andere, vor allem aber immer auch an sich selbst: »Man muß das Gute tun, damit es in der Welt sei.« So einfach, so klar stellt es sich für Ebner-Eschenbach dar.

Plaudern ist ihre Sache nicht, denn sie will mit ihren Texten ihre Absichten klar erkennbar werden lassen, eine Sentenz als Wahrheitsspruch in den Raum stellen. Und welche literarische Form bietet sich da für eine Meisterin der prägnanten Formulierung wie der Menschenkenntnis besser an als der Aphorismus? »Der Aphorismus ist der letzte Ring einer langen Gedankenkette«, stellt Marie von Ebner-Eschenbach ihrer Aphorismensammlung voran. Erschienen 1880, wurde diese zu ihrem vermutlich verbreitetsten Buch, auch nach ihrem Tod. Und das aus gutem Grund. Mag auch einiges inzwischen zurücktreten, sind doch Sätze wie »Die öffentliche Meinung ist die Dirne unter den Meinungen« ungebrochen aktuell, könnte die Einsicht »Die Moral, die gut genug war für unsere Väter, ist nicht gut genug für unsere Kinder« heute formuliert worden sein, da uns die Konsequenzen unseres Fortschrittsglaubens viel deutlicher vor Augen stehen als zu Lebzeiten Ebner-Eschenbachs. Und wenn man liest »Es würde sehr wenig Böses auf Erden getan werden, wenn das Böse niemals im Namen des Guten getan werden könnte«, könnte man den Satz für einen Stoßseufzer halten, der einem Leser beim Aufschlagen einer Tageszeitung im 21. Jahrhundert entfährt.

»Was dein Wort zu bedeuten hat, erfährst du durch den Widerhall, den es erweckt«, ist ein weiterer Aphorismus Ebner-Eschenbachs. In dem vorliegenden Bändchen wurde eine Auswahl aus ihren Aphorismen getroffen, die zeigen möchte, daß viele der Einsichten und Gedankenblitze dieser großen Dichterin des 19. Jahrhunderts mitnichten angestaubt, sondern außerordentlich aktuell geblieben sind, daß ihre Worte noch heute durchaus »Widerhall erwecken«. Es will dazu einladen, sich am Witz und an der gedanklichen wie sprachlichen Brillanz der Autorin zu erfreuen und vielleicht die eine oder andere Einsicht in die Tat umzusetzen, denn: »Die einfachste und bekannteste Wahrheit erscheint uns augenblicklich neu und wunderbar, sobald wir sie zum ersten Male an uns selbst erleben«.

Ein guter Witz reist inkognito

Aphorismen und Sentenzen

Ein Aphorismus ist der letzte Ring einer langen Gedankenkette

❧

Sag etwas, das sich von selbst versteht, zum erstenmal, und du bist unsterblich.

❧

Was uns an der sichtbaren Schönheit entzückt, ist ewig nur die unsichtbare.

❧

Die verstehen sehr wenig, die nur das verstehen, was sich erklären läßt.

❧

Ein Urteil läßt sich widerlegen, aber niemals ein Vorurteil.

Vertrauen ist Mut, und Treue ist Kraft.

Die jetzigen Menschen sind zum Tadeln geboren. Vom ganzen Achilles sehen sie nur die Ferse.

Die glücklichen Pessimisten! Welche Freude empfinden sie, sooft sie bewiesen haben, daß es keine Freude gibt.

Es hat noch niemand etwas Ordentliches geleistet, der nicht etwas Außerordentliches leisten wollte.

Siege, aber triumphiere nicht.

Der Zufall ist die in Schleier gehüllte Notwendigkeit.

❧

Andere neidlos Erfolge erringen sehen, nach denen man selbst strebt, ist Größe.

❧

Der Hochmut ist ein plebejisches Laster.

❧

Geduld mit der Streitsucht der Einfältigen! Es ist nicht leicht zu begreifen, daß man nicht begreift.

❧

Die größte Nachsicht mit einem Menschen entspringt aus der Verzweiflung an ihm.

❧

Alt werden, heißt sehend werden.

❧

Anmut ist ein Ausströmen der inneren Harmonie.

❧

Wie weise muß man sein, um immer gut zu sein!

❧

Die einfachste und bekannteste Wahrheit erscheint uns augenblicklich neu und wunderbar, sobald wir sie zum ersten Male an uns selbst erleben.

❧

Der Verstandesmensch verhöhnt nichts so bitter als den Edelmut, dessen er sich unfähig fühlt.

❧

Wir verlangen sehr oft nur deshalb Tugenden von anderen, damit unsere Fehler sich bequemer breitmachen können.

❧

Der Gescheitere gibt nach! Ein unsterbliches Wort. Es begründet die Weltherrschaft der Dummheit.

Künstler, was du nicht schaffen mußt, das darfst du nicht schaffen wollen.

Je mehr du dich selbst liebst, je mehr bist du dein eigener Feind.

Eiserne Ausdauer und klaglose Entsagung sind die zwei äußersten Pole der menschlichen Kraft.

Nichts wird so oft unwiederbringlich versäumt wie eine Gelegenheit, die sich täglich bietet.

Warten lernen wir gewöhnlich erst, wenn wir nichts mehr zu erwarten haben.

❧

Die Leidenschaft ist immer ein Leiden, auch die befriedigte.

❧

Wenn es einen Glauben gibt, der Berge versetzen kann, so ist es der Glaube an die eigene Kraft.

❧

Die Konsequenzen unserer guten Handlungen verfolgen uns unerbittlich und sind oft schwerer zu tragen als die der bösen.

❧

Die Gutmütigkeit gemeiner Menschen gleicht dem Irrlicht. Vertraue nur seinem gleißenden Schein, es führt dich gewiß in den Sumpf.

Es gibt Frauen, die ihre Männer mit einer ebenso blinden, schwärmerischen und rätselhaften Liebe lieben wie Nonnen ihr Kloster.

❧

Gebrannte Kinder fürchten das Feuer oder vernarren sich darein.

❧

Ehen werden im Himmel geschlossen, aber daß sie gut geraten, darauf wird dort nicht gesehen.

❧

Wer an die Freiheit des menschlichen Willens glaubt, hat nie geliebt und nie gehaßt.

❧

Ein Dichter, der einen Menschen kennt, kann hundert schildern.

❧

Die meisten Nachahmer lockt das Unnachahmliche.

Haben und nichts geben ist in manchen Fällen schlechter als stehlen.

Der Arme rechnet dem Reichen die Großmut niemals als Tugend an.

Die Leute, denen man nie widerspricht, sind entweder die, welche man am meisten liebt, oder die, welche man am geringsten achtet.

Die meiste Nachsicht übt der, der die wenigste braucht.

Wenn ein Mensch uns zugleich Mitleid und Ehrfurcht einflößt, dann ist seine Macht über uns grenzenlos.

❧

Raison annehmen kann niemand, der nicht schon welche hat.

❧

Wenn jemand etwas kann, das gewöhnliche Menschen nicht können, so trösten sie sich damit, daß er gewiß von allem, was sie können, nichts kann.

❧

Hüte dich vor der Tugend, die zu besitzen ein Mensch von sich selber rühmt.

❧

Wenn man nur die Alten liest, ist man sicher, immer neu zu bleiben.

Wer sich seiner eigenen Kindheit nicht mehr deutlich erinnert, ist ein schlechter Erzieher.

Die eingebildeten Übel sind die unheilbarsten.

Man muß das Gute tun, damit es in der Welt sei.

Der Haß ist ein fruchtbares, der Neid ein steriles Laster.

Wir sollen immer verzeihen, dem Reuigen um seinetwillen, dem Reulosen um unseretwillen.

Das Motiv einer guten Handlung ist manchmal nichts anderes als zur rechten Zeit eingetretene Reue.

Das Vertrauen ist etwas so Schönes, daß selbst der ärgste Betrüger sich eines gewissen Respekts nicht erwehren kann vor dem, der es ihm schenkt.

❧

Auch die Tugend ist eine Kunst, und auch ihre Anhänger teilen sich in Ausübende und in bloße Liebhaber.

❧

Was du zu müssen glaubst, ist das, was du willst.

❧

Das Alter verklärt oder versteinert.

❧

In der Jugend lernt, im Alter versteht man.

❧

Es ist ein Unglück, daß ein braves Talent und ein braver Mann so selten zusammenkommen!

In einem guten Buche stehen mehr Wahrheiten, als sein Verfasser hineinzuschreiben meinte.

Wir entschuldigen nichts so leicht als Torheiten, die uns zuliebe begangen wurden.

Sei deines Willens Herr und deines Gewissens Knecht.

Natur ist Wahrheit; Kunst ist die höchste Wahrheit.

Zu späte Erfüllung einer Sehnsucht labt nicht mehr. Die lechzende Seele zehrt sie auf wie glühendes Eisen einen Wassertropfen.

Die Toren wissen gewöhnlich das am besten, was jemals in Erfahrung zu bringen der Weise verzweifelt.

Wenn die Neugier sich auf ernsthafte Dinge richtet, dann nennt man sie Wissensdrang.

Die Liebe hat nicht nur Rechte, sie hat auch immer recht.

Nur was für die Gegenwart zu gut ist, ist gut genug für die Zukunft.

Nicht jene, die streiten, sind zu fürchten, sondern jene, die ausweichen.

❧

Unerreichbare Wünsche werden als »fromme« bezeichnet. Man scheint anzunehmen, daß nur die profanen in Erfüllung gehen.

❧

Man kann viele Dinge kaufen, die unbezahlbar sind.

❧

Wenn zwei brave Menschen über Grundsätze streiten, haben immer beide recht.

❧

Nichts ist weniger verheißend als Frühreife; die junge Distel sieht einem zukünftigen Baume viel ähnlicher als die junge Eiche.

Die Teilnahme der meisten Menschen besteht aus einer Mischung von Neugier und Wichtigtuerei.

Macht ist Pflicht – Freiheit ist Verantwortlichkeit.

Seit dem bekannten Siege der Schildkröte über den Hasen hält sie sich für eine Schnelläuferin.

Es gibt Fälle, in denen vernünftig sein feig sein heißt.

Für das Können gibt es nur einen Beweis: das Tun.

Es gibt Menschen mit leuchtendem und Menschen mit glänzendem Verstande. Die ersten erhellen ihre Umgebung, die zweiten verdunkeln sie.

Es würde sehr wenig Böses auf Erden getan werden, wenn das Böse niemals im Namen des Guten getan werden könnte.

❧

Alles wird uns heimgezahlt, wenn auch nicht von denen, welchen wir geborgt haben.

❧

Die Menschen, denen wir eine Stütze sind, die geben uns den Halt im Leben.

❧

Es gibt eine schöne Form der Verstellung: die Selbstüberwindung – und eine schöne Form des Egoismus: die Liebe.

❧

Der Gläubige, der nie gezweifelt hat, wird schwerlich einen Zweifler bekehren.

Es stände besser um die Welt, wenn die Mühe, die man sich gibt, die subtilsten Moralgesetze auszuklügeln, zur Ausübung der einfachsten angewendet würde.

Man kann nicht allen helfen! sagt der Engherzige – und hilft keinem.

Eltern verzeihen ihren Kindern die Fehler am schwersten, die sie selbst ihnen anerzogen haben.

Wer nichts weiß, muß alles glauben.

Du kannst so rasch sinken, daß du zu fliegen meinst.

Was liegt dem Narren an einem vernünftigen Menschen? Die wichtige Person für ihn ist der andere Narr, der ihn gelten läßt.

Wo die Eitelkeit anfängt, hört der Verstand auf.

Auch was wir am meisten sind, sind wir nicht immer.

Um in eine Versammlung feiner Leute treten zu dürfen, muß man den Frack tragen, die Uniform oder – die Livree.

Der Geist einer Sprache offenbart sich am deutlichsten in ihren unübersetzbaren Worten.

Das Verständnis reicht oft viel weiter als der Verstand.

So mancher meint ein gutes Herz zu haben und hat nur schwache Nerven.

Zwei sehr verschiedene Tugenden können einander lange und scharf befehden; der Augenblick bleibt nicht aus, in dem sie erkennen, daß sie Schwestern sind.

Was ein Mensch glaubt und woran er zweifelt, ist gleich bezeichnend für die Stärke seines Geistes.

Der herbste Tadel läßt sich ertragen, wenn man fühlt, daß derjenige, der tadelt, lieber loben würde.

Aus dem Verlangen nach dem Überflüssigen ist die Kunst entstanden.

Es gibt Gelegenheiten, in denen man sonst ganz wahrhaftigen Menschen keinen Glauben schenken darf. Zum Beispiel dem Großmütigen, wenn er von seinen Ausgaben, und dem Sparsamen, wenn er von seinen Einnahmen spricht.

Fortwährendem Entbehren folgt Stumpfheit ebenso gewiß wie übermäßigem Genuß.

Der Gedanke an die Vergänglichkeit aller irdischen Dinge ist ein Quell unendlichen Leids – und ein Quell unendlichen Trostes.

Wo wäre die Macht der Frauen, wenn die Eitelkeit der Männer nicht wäre?

Menschen, die nach immer größerem Reichtum jagen, ohne sich jemals Zeit zu gönnen, ihn zu genießen, sind wie Hungrige, die immerfort kochen, sich aber nie zu Tische setzen.

Einen Gedanken verfolgen – wie bezeichnend dies Wort! Wir eilen ihm nach, erhaschen ihn, er entwindet sich uns, und die Jagd beginnt von neuem. Der Sieg bleibt zuletzt dem Stärkeren. Ist es der Gedanke, dann läßt er uns nicht ruhen, immer wieder taucht er auf – neckend, quälend, unserer Ohnmacht, ihn zu fassen, spottend. Gelingt es aber der Kraft unseres Geistes, ihn zu bewältigen, dann folgt dem heißen Ringkampf ein beseligendes, unwiderstehliches Bündnis auf Leben und Tod, und die Kinder, die ihm entspringen, erobern die Welt.

Nichts ist erbärmlicher als die Resignation, die zu früh kommt.

❧

Auch in ein neues Glück muß man sich schicken lernen.

❧

Der eitle, schwache Mensch sieht in jedem einen Richter, der stolze, starke hat keinen Richter als sich selbst.

❧

Autoren, die bestohlen werden, sollten sich darüber nicht beklagen, sondern freuen. In einer Gegend, in der kein Waldfrevel vorkommt, hat der Wald keinen Wert.

❧

Wenn alberne Leute sich bemühen, ein Geheimnis vor uns zu verbergen, dann erfahren wir es gewiß, so wenig uns auch danach gelüstet.

Merkmal großer Menschen ist, daß sie an andere weit geringere Anforderungen stellen als an sich selbst.

Eine gescheite Frau hat Millionen geborener Feinde: – alle dummen Männer.

Ein Schwachkopf, der über andere Menschen urteilen soll, kann sich höchstens in ihre Lage, nie aber in ihre Denk- und Empfindungsweise versetzen.

Ein scheinbarer Widerspruch gegen ein Naturgesetz ist nur die selten vorkommende Betätigung eines andern Naturgesetzes.

Eine Vernunftehe schließen, heißt in den meisten Fällen, alle seine Vernunft zusammennehmen, um die wahnsinnigste Handlung zu begehen, die ein Mensch begehen kann.

Über das Kommen mancher Leute tröstet uns nichts als die Hoffnung auf ihr Gehen.

Zu jeder Zeit liegen einige große Wahrheiten in der Luft; sie bilden die geistige Atmosphäre des Jahrhunderts.

Was nennen die Menschen am liebsten dumm? Das Gescheite, das sie nicht verstehen.

Der sich keine Annehmlichkeit versagen kann, wird sich nie ein Glück erobern.

Ein Gedanke kann nicht erwachen, ohne andere zu wecken.

❧

Die unerträglichsten Heuchler sind diejenigen, die jedes Vergnügen, das ihnen geboren wird, von der Pflicht zur Taufe tragen lassen.

❧

Ein Streit zwischen wahren Freunden, wahren Liebenden bedeutet gar nichts. Gefährlich sind nur die Streitigkeiten zwischen Menschen, die einander nicht ganz verstehen.

❧

Es gibt eine Menge kleiner Unarten und Rücksichtslosigkeiten, die an und für sich nichts bedeuten, aber furchtbar sind als Kennzeichen der Beschaffenheit einer Seele.

❧

Wenn die Großmut vollkommen sein soll, muß sie eine kleine Dosis Leichtsinn enthalten.

Es gehört immer etwas guter Wille dazu, selbst das Einfachste zu begreifen, selbst das Klarste zu verstehen.

Jung sein ist schön; alt sein ist bequem.

Die Gedankenlosigkeit hat mehr ehrliche Namen zugrunde gerichtet als die Bosheit.

Wenn du durchaus nur die Wahl hast zwischen einer Unwahrheit und einer Grobheit, dann wähle die Grobheit; wenn jedoch die Wahl getroffen werden muß zwischen einer Unwahrheit und einer Grausamkeit, dann wähle die Unwahrheit.

Die Empfindung des Einsamseins ist schmerzlich, wenn sie uns im Gewühl der Welt, unerträglich jedoch, wenn sie uns im Schoße unserer Familie überfällt.

❧

Er ist ein guter Mensch! sagen die Leute gedankenlos. Sie wären sparsamer mit diesem Lobe, wenn sie wüßten, daß sie kein höheres zu erteilen haben.

❧

Im Laufe des Lebens verliert alles seine Reize wie seine Schrecken; nur eines hören wir nie auf zu fürchten: das Unbekannte.

❧

Fähigkeit ruhiger Erwägung – Anfang aller Weisheit, Quell aller Güte!

❧

Ausnahmen sind nicht immer Bestätigung der alten Regel; sie können auch die Vorboten einer neuen Regel sein.

❧

Manche Leute wären frei, wenn sie zu dem Bewußtsein ihrer Freiheit kommen könnten.

❧

Suche immer zu nützen, suche nie dich unentbehrlich zu machen.

❧

Der Philosoph zieht seine Schlüsse, der Poet muß die seinen entstehen lassen.

❧

So manche Wahrheit ging von einem Irrtum aus.

❧

Ein wahrer Freund trägt mehr zu unserem Glück bei als tausend Feinde zu unserem Unglück.

Die Großen schaffen das Große, die Guten das Dauernde.

Ein anregendes Buch – eine Speise, die hungrig macht.

Der Verstand und das Herz stehen auf sehr gutem Fuße. Eines vertritt oft die Stelle des andern so vollkommen, daß es schwer ist zu entscheiden, welches von beiden tätig war.

Manuskripte vermodern im Schranke oder reifen darin.

Wer in die Öffentlichkeit tritt, hat keine Nachsicht zu erwarten und keine zu fordern.

Mehr noch als nach dem Glück unserer Jugend sehnen wir uns im Alter nach den Wünschen unserer Jugend zurück.

Das Tüttelchen Wahrheit, das in mancher Lüge enthalten ist, das macht sie furchtbar.

Unseren schlechten Eigenschaften gegenüber gibt es nur ewigen Kampf oder schimpflichen Frieden.

An groß angelegte Menschen denkt sich's gut, mit fein angelegten Menschen lebt sich's gut.

Respekt vor dem Gemeinplatz! Er ist seit Jahrhunderten aufgespeicherte Weisheit.

❧

Wenn man nicht aufhören will, die Menschen zu lieben, muß man nicht aufhören, ihnen Gutes zu tun.

❧

Die Herrschaft über den Augenblick ist die Herrschaft über das Leben.

❧

Man darf die Phantasie verführen, aber Gewalt darf man ihr nicht antun wollen.

❧

Wenn die Zeit kommt, in der man könnte, ist die vorüber, in der man kann.

❧

Der Umgang mit einem Egoisten ist darum so verderblich, weil die Notwehr uns zwingt, allmählich in seinen Fehler zu verfallen.

Das gibt sich, sagen schwache Eltern von den Fehlern ihrer Kinder. O nein, es gibt sich nicht, es entwickelt sich!

Das Recht des Stärkeren ist das stärkste Unrecht.

Der größte Feind des Rechtes ist das Vorrecht.

Ein stolzer Mensch verlangt von sich das Außerordentliche, ein hochmütiger schreibt es sich zu.

Viele Leute glauben, wenn sie einen Fehler erst eingestanden haben, brauchen sie ihn nicht mehr abzulegen.

Die bedauernswertesten Menschen sind diejenigen, welche Pflichtgefühl besitzen, aber nicht die Kraft, ihm zu genügen.

Beim Wiedersehen nach einer Trennung fragen die Bekannten nach dem, was mit uns, die Freunde nach dem, was in uns vorgegangen.

Sagen, was man denkt, ist manchmal die größte Torheit und manchmal – die größte Kunst.

Menschen, die viel von sich sprechen, machen – so ausgezeichnet sie übrigens sein mögen – den Eindruck der Unreife.

Wieviel Bewegung wird hervorgebracht durch das Streben nach Ruhe!

❧

Echte Propheten haben manchmal, falsche Propheten haben immer fanatische Anhänger.

❧

Ein guter Witz muß den Schein des Unabsichtlichen haben. Er gibt sich nicht dafür, aber siehe da, der Scharfsinn des Hörers entdeckt ihn, entdeckt den geistreichen Gedanken in der Maske eines schlichten Wortes. Ein guter Witz reist inkognito.

❧

Wohlerzogene Menschen sprechen in Gesellschaft weder vom Wetter noch von der Religion.

❧

Der Staat ist am tiefsten gesunken, dessen Regierung schweigend zuhören muß, wenn die offenkundige Schufterei ihr Sittlichkeit predigt.

❧

Ein Nichts vermag das Vertrauen in die eigene Kraft zu erschüttern, aber nur ein Wunder vermag es wieder zu befestigen.

❧

Vieles erfahren haben, heißt noch nicht Erfahrung besitzen.

❧

In jede hohe Freude mischt sich eine Empfindung der Dankbarkeit.

❧

Der niemals Ehrfurcht empfunden hat, wird sie auch niemals erwecken.

Nicht was wir erleben, sondern wie wir empfinden, was wir erleben, macht unser Schicksal aus.

Es gäbe keine Geselligkeit, alle Familienbande würden gelockert, wenn die Gedanken der Menschen auf ihrer Stirn zu lesen wären.

Die Langeweile, die in manchem Buche herrscht, gereicht ihm zum Heil; die Kritik, die schon ihren Speer erhoben hatte, schläft ein, bevor sie ihn geschleudert hat.

An Rheumatismen und an wahre Liebe glaubt man erst, wenn man davon befallen wird.

Jeder Weltmann verkehrt lieber mit einem wohlerzogenen Bösewicht als mit einem schlechterzogenen Heiligen.

Die uns gespendete Liebe, die wir nicht als Segen und Glück empfinden, empfinden wir als eine Last.

Nichts lernen wir so spät und verlernen wir so früh, als zugeben, daß wir unrecht haben.

Die Taten reden, aber den Ungläubigen überzeugen sie doch nicht.

Jeder Dichter und alle ehrlichen Dilettanten schreiben mit ihrem Herzblute, aber wie diese Flüssigkeit beschaffen ist, darauf kommt es an.

Der Genius weist den Weg, das Talent geht ihn.

❧

Überlege einmal, bevor du gibst, zweimal, bevor du annimmst, und tausendmal, bevor du verlangst.

❧

Der Künstler hat nicht dafür zu sorgen, daß sein Werk Anerkennung finde, sondern dafür, daß es sie verdiene.

❧

Sobald eine Mode allgemein geworden ist, hat sie sich überlebt.

❧

Die Natur hat leicht verschwenden; auch das scheinbar ganz nutzlos Versteute fällt zuletzt doch in ihren Schoß.

Der kleinste Fehler, den ein Mensch uns zuliebe ablegt, verleiht ihm in unseren Augen mehr Wert als die größten Tugenden, die er sich ohne unser Zutun aneignet.

Es ist schlimm, wenn zwei Eheleute einander langweilen; viel schlimmer jedoch ist es, wenn nur einer von ihnen den andern langweilt.

Wer die materiellen Genüsse des Lebens seinen idealen Gütern vorzieht, gleicht dem Besitzer eines Palastes, der sich in den Gesindestuben einrichtet und die Prachtsäle leer stehen läßt.

Im Laufe des Lebens nützen unsere Laster sich ab wie unsere Tugenden.

Treue üben ist Tugend, Treue erfahren ist Glück.

Wir sind für nichts so dankbar wie für Dankbarkeit.

Wenn wir auch der Schmeichelei keinen Glauben schenken, der Schmeichler gewinnt uns doch. Einige Dankbarkeit empfinden wir immer für den, der sich die Mühe gibt, uns angenehm zu belügen.

Aus dem Mitleid mit anderen erwächst die feurige, die mutige Barmherzigkeit; aus dem Mitleid mit uns selbst die weichliche, feige Sentimentalität.

Je kleiner das Sandkörnlein ist, desto sicherer hält es sich für die Achse der Welt.

Nur die allergescheitesten Leute benützen ihren Scharfsinn nicht bloß zur Beurteilung anderer, sondern auch ihrer selbst.

Nächstenliebe lebt mit tausend Seelen, Egoismus mit einer einzigen, und die ist erbärmlich.

Späte Freuden sind die schönsten; sie stehen zwischen entschwundener Sehnsucht und kommendem Frieden.

Sehr geringe Unterschiede begründen manchmal sehr große Verschiedenheiten.

Der Spott endet, wo das Verständnis beginnt.

Alle Enttäuschungen sind gering im Vergleich zu denen, die wir an uns selbst erleben.

Den Menschen, die große Eigenschaften besitzen, verzeiht man ihre kleinen Fehler am schwersten.

Das unfehlbare Mittel, Autorität über die Menschen zu gewinnen, ist, sich ihnen nützlich zu machen.

Rücksichtslosigkeiten, die edle Menschen erfahren haben, verwandeln sich in Rücksichten, die sie erweisen.

Wenn man ein Seher ist, braucht man kein Beobachter zu sein.

❧

Der ans Ziel getragen wurde, darf nicht glauben, es erreicht zu haben.

❧

Es ist die Frage, was man im Leben sucht, Unterhaltung oder Liebe. Im ersten Falle darf man es nicht allzugenau mit der moralischen, im zweiten nicht allzugenau mit der geistigen Beschaffenheit der Menschen nehmen, mit denen man sich umgibt.

❧

Den Feind unserer Marotte unseren Freund nennen, heißt gescheit sein.

❧

Und ich habe mich so gefreut! sagst du vorwurfsvoll, wenn dir eine Hoffnung zerstört wurde. Du hast dich gefreut – ist das nichts?

Wenn wir nur noch das sehen, was wir zu sehen wünschen, sind wir bei der geistigen Blindheit angelangt.

❧

Unser Stolz auf den Besitz irgendeiner guten Eigenschaft erleidet einen argen Stoß, wenn wir sehen, wie stolz andere auf das Nichtbesitzen derselben Eigenschaft sind.

❧

Die wahre Ehrfurcht geht niemals aus der Furcht hervor.

❧

Das Gemüt bleibt jung, solange es leidensfähig bleibt.

❧

Theorie und Praxis sind eins wie Seele und Leib, und wie Seele und Leib liegen sie großenteils miteinander in Streit.

Die Liebe überwindet den Tod, aber es kommt vor, daß eine kleine üble Gewohnheit die Liebe überwindet.

In der großen Welt gefällt nichts so sehr wie die Gleichgültigkeit darüber, ob man ihr gefällt.

Man muß schon etwas wissen, um verbergen zu können, daß man nichts weiß.

Die meisten Menschen ertragen es leichter, daß man ihnen zuwider handelt, als daß man ihnen zuwider spricht.

Die Gelassenheit ist eine anmutige Form des Selbstbewußtseins.

Eitelkeit ist mächtiger als Scham.

❧

Die Änderung, die unser Naturell im Laufe des Lebens erfährt, sieht manchmal aus wie eine Änderung unseres Charakters.

❧

Die Sitte ist schon gerichtet, zu deren Gunsten wir kein anderes Argument vorzubringen wissen als das ihrer Allgemeinheit.

❧

Daß andere Leute kein Glück haben, finden wir sehr leicht natürlich, daß wir selbst keines haben, immer unfaßbar.

❧

Die Grausamkeit des Ohnmächtigen äußert sich als Gleichgültigkeit.

Am unbarmherzigsten im Urteil über fremde Kunstleistungen sind die Frauen mittelmäßiger Künstler.

Man bleibt jung, solange man noch lernen, neue Gewohnheiten annehmen und einen Widerspruch ertragen kann.

Da zuletzt doch alles auf den Glauben hinausläuft, müssen wir jedem Menschen das Recht zugestehen, lieber das zu glauben, was er sich selbst, als was andere ihm weisgemacht.

In der Jugend meinen wir, das Geringste, das die Menschen uns gewähren können, sei Gerechtigkeit. Im Alter erfahren wir, daß es das Höchste ist.

Genug weiß niemand, zuviel so mancher.

Bis zu einem gewissen Grade selbstlos sollte man schon aus Selbstsucht sein.

Es gibt Menschen im Zopfstil: viele hübsche Einzelheiten, das Ganze abgeschmackt.

Das Gefühl schuldiger Dankbarkeit ist eine Last, die nur starke Seelen zu ertragen vermögen.

Die Menschen der alten Zeit sind auch die der neuen, aber die Menschen von gestern sind nicht die von heute.

Wir können uns nie genug darüber wundern, wie so wichtig den andern ihre eigenen Angelegenheiten sind.

❧

Dem, der uns Gutes tut, sind wir nie so dankbar wie dem, der uns Böses tun könnte, es aber unterläßt.

❧

Vorurteil stützt die Throne, Unwissenheit die Altäre.

❧

Im Unglück finden wir meistens die Ruhe wieder, die uns durch die Furcht vor dem Unglück geraubt wurde.

❧

Die Geschichte hat Helden und Werkzeuge und macht beide unsterblich.

Die großen Augenblicke im guten wie im bösen Sinne sind die, in denen wir getan haben, was wir uns nie zugetraut hätten.

❧

An die Stützen, die wir wanken fühlen, klammern wir uns doppelt fest.

❧

Das meiste haben wir gewöhnlich in der Zeit getan, in der wir meinten, zu wenig zu tun.

❧

Beim Genie heißt es: Laß dich gehen! Beim Talent: Nimm dich zusammen!

❧

Wisset, die euch Haß predigen, erlösen euch nicht.

❧

Wir werden vom Schicksal hart oder weich geklopft; es kommt auf das Material an.

Welcher Autor darf sagen, daß der Gedanke an die Oberflächlichkeit der meisten Leser ihm stets ein peinlicher und nicht mitunter auch ein tröstlicher sei?

Kein Mensch weiß, was in ihm schlummert und zutage kommt, wenn sein Schicksal anfängt, ihm über den Kopf zu wachsen.

Einen mit Weisheit Gesalbten darf man nie warm werden lassen, sonst trieft er.

Je ungebildeter ein Mensch, je schneller ist er mit einer Ausrede fertig.

Alberne Leute sagen Dummheiten, gescheite Leute machen sie.

❧

Der Arbeiter soll seine Pflicht tun, der Arbeitgeber soll mehr tun als seine Pflicht.

❧

Bei den Hottentotten ist nicht einmal Napoleon berühmt.

❧

Die Katzen halten keinen für eloquent, der nicht miauen kann.

❧

Ob das Werkzeug früher versagt oder die Hand, ist ein großer Unterschied, kommt aber auf eins heraus.

❧

Es glaube doch nicht jeder, der imstande war, seine Meinung von einem Kunstwerk aufzuschreiben, er habe es kritisiert.

Steril ist der, dem nichts einfällt; langweilig ist, der ein paar alte Gedanken hat, die ihm alle Tage neu einfallen.

Es gibt wenig aufrichtige Freunde – die Nachfrage ist auch gering.

Wir sind leicht bereit, uns selbst zu tadeln, unter der Bedingung – daß niemand einstimmt.

Der Leichtsinnige kümmert sich nicht einmal um den morgigen Tag, und ihr wollt ihn mit der Ewigkeit schrecken?

Es ist schwer, den, der uns bewundert, für einen Dummkopf zu halten.

Daß soviel Ungezogenheit gut durch die Welt kommt, daran ist die Wohlerzogenheit schuld.

Der sich gar zu leicht bereit findet, seine Fehler einzusehen, ist selten der Besserung fähig.

Was geschehen ist, solange die Welt steht, braucht deshalb nicht zu geschehen, solange sie noch stehen wird.

Mißtraue deinem Urteil, sobald du darin den Schatten eines persönlichen Motivs entdecken kannst.

Der Ignorant weiß nichts, der Parteimann will nichts wissen.

Wir sind in Todesangst, daß die Nächstenliebe sich zu weit ausbreiten könnte, und richten Schranken gegen sie auf – die Nationalitäten.

Alle historischen Rechte veralten.

Ein armer wohltätiger Mensch kann sich manchmal reich fühlen, ein geiziger Krösus nie.

Wer hat nicht schon das, was er sich zutraut, für das gehalten, was er vermag?

Wir unterschätzen das, was wir haben, und überschätzen das, was wir sind.

Die Summe unserer Erkenntnisse besteht aus dem, was wir gelernt, und aus dem, was wir vergessen haben.

Begeisterung spricht nicht immer für den, der sie erweckt, und immer für den, der sie empfindet.

Die stillstehende Uhr, die täglich zweimal die richtige Zeit angezeigt hat, blickt nach Jahren auf eine lange Reihe von Erfolgen zurück.

Während ein Feuerwerk abgebrannt wird, sieht niemand nach dem gestirnten Himmel.

Was wir unserem besten Freunde nicht anvertrauen würden, rufen wir ins Publikum.

Auch der ungewöhnlichste Mensch ist gehalten, seine ganz gewöhnliche Schuldigkeit zu tun.

Eine ungeschickte Schmeichelei kann uns tiefer demütigen als ein wohlbegründeter Tadel.

Das Talent zu herrschen täuscht oft über den Mangel an anderem Talent.

Die glücklichen Sklaven sind die erbittertsten Feinde der Freiheit.

Was wissen wir nicht alles zur Entschuldigung von Fehlern und Übelständen vorzubringen, aus denen wir Nutzen ziehen!

❧

Nichts bist du, nichts ohne die andern. Der verbissenste Misanthrop braucht die Menschen doch, wenn auch nur, um sie zu verachten.

❧

Kein Toter ist so gut begraben wie eine erloschene Leidenschaft.

❧

Überlege wohl, bevor du dich der Einsamkeit ergibst, ob du auch für dich selbst ein heilsamer Umgang bist.

❧

Jeder Mensch hat ein Brett vor dem Kopf – es kommt nur auf die Entfernung an.

Am weitesten in der Rücksichtslosigkeit bringen es die Menschen, die vom Leben nichts verlangen als ihr Behagen.

❧

Der kleinste Hügel vermag uns die Aussicht auf einen Chimborasso zu verdecken.

❧

Nichts schwerer, als den gelten lassen, der uns nicht gelten läßt.

❧

Was dein Wort zu bedeuten hat, erfährst du durch den Widerhall, den es erweckt.

❧

Es steht etwas über unseren schaffensfreudigen Gedanken, das feiner und schärfer ist als sie. Es sieht ihrem Entstehen zu, es überwacht, ordnet und zügelt sie, es mildert ihnen oft die Farben, wenn sie Bilder weben, und hält sie am knappsten, wenn sie Schlüsse ziehen. Seine Ausbildung hängt von der unserer edelsten Fähigkeiten ab. Es ist nicht selbst schöpferisch, aber wo es fehlt, kann nichts Dauerndes entstehen; es ist eine moralische Kraft, ohne die unsere geistige nur Schemen hervorbringt; es ist das Talent zum Talent, sein Halt, sein Auge, sein Richter, es ist – das künstlerische Gewissen.

❧

Die Großmut ist nicht immer am rechten Platz, der Geiz aber ist immer am unrechten.

❧

Auch das kleinste Licht hat sein Atmosphärchen.

❧

Wir sträuben uns gegen das Leiden, wer aber möchte nicht gelitten haben?

❧

Nenne dich nicht arm, weil deine Träume nicht in Erfüllung gegangen sind; wirklich arm ist nur, der nie geträumt hat.

❧

So reich unser Leben an wohlausgenützten Gelegenheiten war, vortrefflichen Menschen nahezustehen, so reich ist es überhaupt gewesen.

❧

Am Ziele deiner Wünsche wirst du jedenfalls eines vermissen: dein Wandern zum Ziel.

❧

Wir müssen immer lernen, zuletzt auch noch sterben lernen.

❧

Vertrauensselig – ein schönes Wort. Vertrauen macht selig den, der es hat, und den, der es einflößt.

Wir sind so eitel, daß uns sogar an der Meinung der Leute, an denen uns nichts liegt, etwas gelegen ist.

❧

Die Sehenden sind es nicht, die sich für sehend halten, immer nur die Blinden.

❧

Lieber von einer Hand, die wir nicht drücken möchten, geschlagen, als von ihr gestreichelt werden.

❧

Der Verstand, der uns nicht hindert, hie und da eine großherzige Dummheit zu begehen, ist ein braver Verstand.

❧

Was ist Reue? Eine große Trauer darüber, daß wir sind, wie wir sind.

Schrittweises Zurückweichen ist oft schlimmer als ein Sturz.

❧

Ich bereue nichts, sagt der Übermut, ich werde nichts bereuen die Unerfahrenheit.

❧

Tiefe Bildung glänzt nicht.

❧

In der Fähigkeit, einen edlen Wunsch intensiv und heiß zu nähren, liegt etwas wie Erfüllung.

❧

Gemeinsame geistige Tätigkeit verbindet enger als das Band der Ehe.

❧

Unsere Fehler bleiben uns immer treu, unsere guten Eigenschaften machen alle Augenblicke kleine Seitensprünge.

Alles Wissen geht aus einem Zweifel hervor und endigt in einem Glauben.

Der einfachste Mensch ist immer noch ein sehr kompliziertes Wesen.

Viele Worte sind lange zu Fuß gegangen, ehe sie geflügelte Worte wurden.

Was andere uns zutrauen, ist meist bezeichnender für sie als für uns.

Bitter ist der Tadel, aus dem wir mit dem besten Willen keinen Nutzen ziehen können.

Es ist unglaublich, was die Welt vergißt und – was sie nicht vergißt.

Wir suchen die Wahrheit, finden wollen wir sie aber nur dort, wo es uns beliebt.

Wenn eine Frau sagt »jeder«, meint sie: jedermann. Wenn ein Mann sagt »jeder«, meint er: jeder Mann.

Dafür, daß uns am Lobe nichts liegt, wollen wir besonders gelobt sein.

O Diamant! der Bimsstein gehört auch zu den Mineralien.

Läufer sind schlechte Geher.

❧

Sich von einem ungerechten Verdacht reinigen wollen ist entweder überflüssig oder vergeblich.

❧

Die Heiterkeit des Unglücklichen ist oft rührender als seine rührendste Klage.

❧

Nichts macht uns feiger und gewissenloser als der Wunsch, von allen Menschen geliebt zu werden.

❧

Die öffentliche Meinung ist die Dirne unter den Meinungen.

❧

Im Entwurf, da zeigt sich das Talent, in der Ausführung die Kunst.

❧

Geistlose kann man nicht begeistern, aber fanatisieren kann man sie.

❧

Es gibt kein Wunder für den, der sich nicht wundern kann.

❧

Wenn die, die uns nachfolgten, uns nicht mehr erreichen können, schwören sie darauf, daß wir uns verirrt haben.

❧

Die Wahrheit hat Kinder, die sie nach einiger Zeit verleugnet; sie heißen Wahrheiten.

❧

Der Wunsch ist der Vater der Hoffnung.

Man sollte nicht sprechen von der Kunst, glücklich zu sein, sondern von der Kunst, sich glücklich zu fühlen.

So sehr der Besitz der gleichen Fehler die Menschen voneinander trennt, so sehr verbindet sie der Besitz der gleichen Schwächen.

Kein Leiden braucht so viel Teilnahme und findet so wenige wie das selbstverschuldete.

Wenn zwei Menschen zugleich anfangen, einander zu lieben, das ist ein großes Glück. Ein noch größeres Glück aber ist, wenn beide auch zu gleicher Zeit aufhören, einander zu lieben.

Wir sollen nicht nur leben, als ob wir morgen sterben, sondern auch, als ob wir noch hundert Jahre leben könnten.

❧

Offene Türen werden meist mit großem Geräusch eingerannt. Der sich müht, ein Kunstschloß zu öffnen, tut es in behutsamer Stille.

❧

Der gesunde Menschenverstand ist der größte Feind der Phantasie und doch ihr bester Berater.

❧

Die Fehler, vor denen wir auf der Hut sind, sind unsere ärgsten nicht.

❧

Wie oft wird ein großer Name nur auf Kosten des guten Namens errungen!

Gib dem recht, der recht hat, und er findet dich liebenswürdig; gib dem recht, der unrecht hat, und er betet dich an.

Sei nicht stolz, sprach das Laster zur Tugend, wenn du unsere Stammbäume vergleichst, findest du manchen gemeinsamen Ahnen.

Es klagt mancher über ein Übel, der doch von ihm nicht befreit werden möchte.

Modern sein heißt auf dem Wege sein, unmodern zu werden.

Nur der Starke kann verzeihen, der Schwächling wird immer nachtragen.

Man kann auf falschem Wege sein und doch zu den herrlichsten Aussichtspunkten gelangen, nur natürlich nicht – ans Ziel.

❧

Wir hassen unsere Fehler – wenn wir ihnen bei andern begegnen.

❧

Am bittersten bereuen wir die Fehler, die wir am leichtesten vermieden hätten.

❧

Schöne Stunden, in denen wir mit der Arbeit, die uns den Frieden unserer Tage und die Ruhe unserer Nächte gekostet hat, nur noch spielen.

❧

Wenn eine große Tat getan wird, hält die Zeit den Atem an, und in diesem Augenblick wird ein Sterblicher unsterblich.

Marie von Ebner-Eschenbach

Dichterin und Aristokratin
mit sozialem Bewusstsein

Marie von Ebner-Eschenbach, 1830 geboren als Freiin Dubsk, ab 1843 Gräfin, war die Tochter des Barons und späteren Grafen Dubsky und dessen zweiter Frau, Baronin Marie von Vockel. Sie hatte ihre Wurzeln sowohl im alten böhmisch-katholischen Adelsgeschlecht wie mütterlicherseits im Geschlecht der sächsisch-protestantischen Familie Vockel. Marie von Ebner-Eschenbach hatte sechs Geschwister.

Ihre Mutter verstarb kurz nach Maries Geburt. Ihre erste Stiefmutter verlor sie als siebenjähriges Kind. Drei Jahre später heiratete ihr Vater die Gräfin Xaverine-Kolowrat-Krakowsky, eine hochgebildete Frau, die das schriftstellerische Talent ihrer Stieftochter erkannte und förderte.

Die Sommermonate verbrachte Marie bei ihrer Familie auf dem Schloß in Zdislawic, und im

Winter wohnte sie in Wien. Viele verschiedene Personen nahmen die Erziehung Maries wahr, die das junge Mädchen auf unterschiedliche Weise prägten: ihre Großmutter, ihre Tante Helen, tschechische Dienstmägde und deutsche und französische Gouvernanten. Französisch war ihre Muttersprache, doch erlernte sie auf diese Weise ebenso Deutsch und Tschechisch.

1848, mit 18 Jahren, heiratete Marie ihren 15 Jahre älteren Cousin Moritz von Ebner-Eschenbach, den Sohn ihrer Tante Helen. Sie zog zu ihm nach Klosterbruck (tschechisch: Louka) in Südmähren. Moritz war ein gebildeter Mann und unterstützte Marie in ihrem Schriftstellerdrang. Er selbst lehrte als Professor an der Ingenieur-Akademie in Wien Physik und Chemie, später wurde er Feldmarschallleutnant und Mitglied der Militärakademie. Die Ehe zwischen Marie und ihrem Cousin blieb kinderlos.

Sechs Jahre später zog sie dauerhaft nach Wien und absolvierte 1879 hier eine Uhrmacher-Ausbildung, was für eine Frau damals sehr ungewöhnlich war. Im Laufe der kommenden Jahre wandte sie sich dann ganz der Literatur zu. Über fast zwei Jahrzehnte schrieb sie Gesellschaftsstücke und Lustspiele – allerdings mit sehr mäßigem Erfolg. 1876 jedoch konnte sie mit ihrem ersten Kurzroman *Bozena* die allgemeine Aufmerksamkeit auf sich ziehen, ein Text, der zunächst in der *Deutschen Rundschau* abgedruckt worden war.

Der endgültige Durchbruch gelang ihr schließlich mit den *Aphorismen* (1880) und den *Dorf- und Schloßgeschichten*. Letztere enthalten auch ihre bekannteste Novelle – *Krambambuli* (inzwischen verfilmt). Ebner-Eschenbach konzentrierte sich nun auf die erzählerische Dichtung, in der das soziale Denken und das politische Bewußtsein der Autorin immer deutlicher zum Ausdruck kommen. Nachdem sie 1880 ihre Erzählung *Lotti, die Uhrmacherin* veröffentlicht hatte, hieß man sie auch in Verlagen willkommen. 1887 erschien ihr Roman *Das Gemeindekind*, einer der berühmtesten und literarisch bedeutendsten Texte der Schriftstellerin.

In ihrem sozialen Engagement, ihrem aufkläre- rischen Gedankengut und ihrem fortschrittlichen sozialen Denken war Ebner-Eschenbach ihrer Zeit weit voraus. Ihre Ideen wie ihre Wirkung waren für eine Frau, besonders eine adelige zur Jahrhundertwende, mehr als außergewöhnlich. Immer schrieb sie in der Überzeugung und mit dem Ziel, daß ihre Schriften die Welt ein wenig verändern könnten.

Ab 1890 fand Marie von Ebner-Eschenbach mit ihren dialogischen Novellen ihren dramatischen Schreibstil. Mit ihren Werken *Ohne Liebe* (1888) und *Am Ende* (1895) feierte sie in Berlin auf der Freien Bühne große Erfolge. Im Jahre 1898 wurde sie mit dem höchsten zivilen Orden Österreichs, dem Ehrenkreuz für Kunst und Literatur, ausgezeichnet. 1900 erhielt sie den ersten weiblichen Ehrendoktor der Universität Wien.

Nach dem Tod ihres Ehemanns 1898 unternahm die Dichterin mehrere Reisen nach Italien und veröffentlichte 1906 ihre Erinnerungen unter dem Titel *Meine Kinderjahre*.

Marie von Ebner-Eschenbach verstarb am 12. März 1916 im Alter von 85 Jahren in Wien und wurde in Zdislawitz begraben. Mit ihren Aphorismen und psychologischen Erzählungen gilt sie als eine der bedeutendsten deutschsprachigen Erzählerinnen des 19. Jahrhunderts. Ihr Denkmal steht als einziges einer Frau im Arkadenhof der Universität Wien.

Die hier abgedruckten Aphorismen stellen eine Auswahl dar aus den *Aphorismen* von Marie von Ebner-Eschenbach, erstmals erschienen 1880 und enthalten in ihren *Gesammelten Schriften* Band 1 (1893); weitere sind den *Sämtlichen Werken* (1920) und der Zeitschrift *Österreich in Geschichte und Literatur* (1974) entnommen.

1. Auflage 2006

Auswahl von Corinna Huffman
Gesetzt aus der Quadraat, QuarkXpress 5.0
Satz und Herstellung: Katrin Jacobsen
Druck und Bindung: fgb, Freiburg
Printed in Germany 2006
ISBN 978-3-7632-5713-3

www.buechergilde.de